Der Lehrer, der Student und die Soldaten
oder
Das gestohlene Leben

Schauspiel von Gerd Scherm

Impressum

Copyright © 2014 Gerd Scherm
Portrait Scherm: Jim Albright
Cover Design: Gerd Scherm
Herstellung und Verlag:
BoD – Books on Demand, Norderstedt
ISBN 978-3-7357-7471-2

Der Lehrer, der Student und die Soldaten

oder

Das gestohlene Leben

Schauspiel von Gerd Scherm

Alle Rechte bei:

Gerd Scherm
Binzwangen 12
91598 Colmberg

gerd@scherm.de
Tel. 09803 94160
www.scherm.de

Inhalt

Die Personen   5

Hintergrund   6

Das Drama   8

Anhang

Biographien   81

Quellen   93

Der Autor: Gerd Scherm   95

Personen:

Robert Limpert, Student

Dr. Karl Bosl, Lehrer

Oberst Dr. Ernst Meyer, Soldat

Sergeant Frank D. Horvay,
Mitglied der US-Militärverwaltung

Wirtin

Mögliche Komparsen: U.S.-Militärpolizisten

Ort der Handlung:

Ein Wirtshaus in Ansbach im Jahr 1946

Geschichtlicher Hintergrund:

(Basistext wikipedia Stand Juli 2012, redigiert vom Autor)

Am 18. April 1945 standen amerikanische Truppen wenige Kilometer vor Ansbach; nur noch vereinzelte Wehrmachtseinheiten waren zur Verteidigung zurückgeblieben. Nicht wissend, dass der Gefechtsstand des Kampfkommandanten von Ansbach, Oberst Dr. Ernst Meyer, bereits verlegt worden war, durchtrennte Robert Limpert mit einer Zange die Telefonverbindung zwischen dem ehemaligen Gefechtsstand und den Truppen in der Vorstadt. Dabei wurde er von zwei Hitlerjungen bemerkt, die ihre Beobachtung an Erwachsene weitergaben, die wiederum die Polizei informierten. Limpert wurde in seinem Elternhaus verhaftet. Der Kampfkommandant Oberst Ernst Meyer verurteilte Limpert in einem nicht den Vorschriften entsprechenden Standgericht zum Tode. Limpert sollte an einem Haken am Rathaustor gehängt werden; es gelang ihm, sich von seinen Wächtern zu lösen und ca. 70 Meter weit zu fliehen, er wurde jedoch zum Rathaus zurückgebracht. Oberst Meyer legte ihm die Schlinge um den Hals und verknotete sie, doch als Limpert emporgezogen wurde, riss der Strick. Meyer knüpfte eine neue Schlinge, Limpert wurde abermals emporgezogen und starb wenige Stunden bevor amerikanische Truppen gegen 17:30 Uhr die Stadt übernahmen und den Leichnam abnahmen.

Fiktive Stück-Realität:
Im Gegensatz zum „normalen" Geschichtsverlauf waren die Geschehnisse in der alternativen Historie des Dramas anders. Nachdem Oberst Meyer den Delinquenten Robert Limpert aufgehängt und der Strick gerissen war, sah der Kampfkommandant dies als Zeichen einer höheren Macht und ließ den Saboteur laufen. Oberst Meyer glaubte auch, dass am übernächsten Tag, dem 20. April, an Führers Geburtstag, die neuen Wunderwaffen zum Einsatz kämen und der Krieg so doch noch gewonnen werden würde.
Dadurch überlebte Limpert und begann sein geplantes Studium an der Universität Fribourg in der Schweiz. Im Vorfeld des Prozesses gegen Oberst Dr. Meyer wegen versuchten Mordes bittet Horvay ihn, Limpert und Dr. Bosl in den Semesterferien 1946 zu einem klärenden Gespräch in ein Ansbacher Lokal.
Meyer wird aus dem Untersuchungsgefängnis zum Treffen gebracht, zwei Militärpolizisten bewachen von außen den Eingang der eigentlich geschlossenen Gaststätte, zwei weitere sichern den Hinterausgang (könnten als Statisten mitwirken!).

1. SZENE

(Horvay, Meyer, Wirtin – Horvay betritt mit Meyer den Raum und löst ihm die Handschellen)

HORVAY
: Dies ist ein informelles Treffen, Oberst Meyer. Kein Richter, Anwalt oder Staatsanwalt. Nur ich, ein Neugieriger, der wissen will, was geschehen ist. Sie haben sozusagen Urlaub von Ihrer U-Haft.

WIRTIN
: Wir haben leider geschlossen. Heute ist Ruhetag, die Herren. Oder gehören Sie zu den Reservierten?

HORVAY
: Ja, genau. Ich habe mit dem Wirt gesprochen. Ich bin Sergeant Horvay von der amerikanischen Militärverwaltung. Für uns wurde reserviert.

WIRTIN
: Sie sprechen aber sehr gut deutsch. Ich meine, für einen Ami. Dann nehmen's doch bitte Platz!
Darf es schon etwas zu trinken sein, während die Herren auf die anderen Herren warten?

HORVAY Für mich einen Moselwein, wenn Sie einen haben. Was möchten Sie trinken, Herr Oberst?

MEYER Darf es für mich auch etwas Alkoholisches sein?

HORVAY Ja, es ist ja sozusagen ein „Privattermin". Wie gesagt, betrachten Sie es als eine Art „Urlaub".

MEYER Dann hätte ich gerne ein Bier. Ein einfaches, anständiges Bier. Und bis das serviert wird, können Sie mir ja vielleicht erklären, warum ich nicht von einem Offizier verhört werde, wie es mir zusteht. Wie ich sehe, sind Sie nur ein Sergeant, ein Unteroffizier! Als Oberst empfinde ich dies, gelinde gesagt, als Beleidigung! Ich verlange mehr Respekt! Ich sehe mich immer noch als rechtmäßigen Kombattanten gemäß der Haager Landkriegsordnung. Ich beharre auf meinen Status als kriegsgefangener Offizier und verlange, die Behandlung, die mir als solcher zusteht. Ich warne Sie, mich hier vorzuführen wie einen Zirkusgaul, Sergeant!

HORVAY

    Aber, aber, Herr Oberst, bitte bewahren Sie die Contenance. Das hier ist keine Vernehmung. Mir geht es lediglich darum, den Vorfall mit Robert Limpert zu verstehen. Ich will wissen, was Sie und er als Beteiligte zu sagen haben. Soll sich vielleicht General Eisenhower persönlich um die Aussage eines kleinen Studenten kümmern?

MEYER

    Wenn das so ist ... Und ich darf selbst Stellung nehmen? Ich kann offen und ehrlich sprechen?

HORVAY

    Jederzeit. Außerdem bin ich für die Entnazifizierung in Ansbach zuständig. Das ist eine Funktion, die wesentlich mehr Gewicht hat als mein militärischer Rang als Sergeant. Ich handle unter direktem Befehl von General Eisenhower!

(Die Bedienung serviert die beiden Getränke)
WIRTIN

    Bitte sehr, die Herren, zum Wohlsein! Der Mosel ist noch aus der Zeit vorm Krieg, der hat im Keller alles bestens überstanden.

MEYER

Manchmal hat's so eine Flasche Wein besser als ein Mensch. Die merkt nichts von gar nichts und ist trotzdem noch gut und süffig.

Bevor die anderen eintreffen könnten Sie mir vielleicht erklären, was diese ganze Angelegenheit soll? Die Sache mit diesem Limpert war eine rein deutsche Angelegenheit, das geht euch Amerikaner gar nichts an. Das war vor der Kapitulation! Warum mischen Sie sich ein, Sergeant? Private Neugier hat hier keinen Platz.

HORWAY

Sie täuschen sich, Herr Oberst, uns Amerikaner geht seit Kriegsende alles etwas an, was in Deutschland passiert ist und was in Deutschland passieren wird! Alles!

MEYER

Eine Schande! Das ist schlicht ein unanständiges Betragen. Das ist Sieger-Justiz!

HORWAY

Ja, wir sind die Sieger und wir werden Ihren Nazi-Saustall ausmisten. Jetzt ist Schluss mit Herrenmenschentum und unmenschlicher Willkür – die Gerechtigkeit ist nun der Sieger, und deshalb können Sie es gerne als „Sieger-Justiz" bezeichnen. Ein durchaus treffender Begriff. Aber mich interessiert heute einzig und allein die „Causa Limpert". Mich interessiert, wer welche Rolle gespielt hat. Deshalb wird Herr Doktor Bosl auch noch dazukommen.

MEYER   Ich habe kein Interesse, vor jedem X-Beliebigen meine Handlungen zu rechtfertigen. Was ich gemacht oder nicht gemacht habe, geht einen Doktor Bosl absolut nichts an!

HORWAY   Sie sollten sich beruhigen, Herr Oberst. Sie sitzen hier nicht auf der Anklagebank. Dieses Treffen ist, wie gesagt, absolut informell. Es wird auch kein Protokoll geben.

(Meyer beruhigt sich und hebt sein Glas in Richtung Horvay)

MEYER   Na dann: Zum Wohl, Sergeant!

HORWAY   Kommen wir direkt zur Sache. Unter uns eine Frage, bevor der junge Mann eintrifft, um den es geht:

MEYER

Warum haben Sie damals den Robert Limpert dann doch nicht getötet?

Weil ich dachte, dass es ein Zeichen ist, als der Strick riss. Ich war regelrecht erschrocken. Mir schoss der Gedanke durch den Kopf, dass mir das Schicksal etwas sagen will.

HORWAY

Und was dachten Sie, dass Ihnen das Schicksal sagen will?

MEYER

Ich war mir plötzlich sicher, dass die Wende bevorstand. Dass am 20. April, also am Geburtstag des Führers in zwei Tagen, die Wunderwaffen endlich zum Einsatz kommen würden. Es überkam mich wie ein Blitz der Erkenntnis, dass der Endsieg doch noch kommen würde. Ja, in diesem Moment war ich überzeugt, dass das Reißen des Stricks ein Zeichen war. Dass, wenn ich dieses armselige Leben schone, eine größere Macht mich und Deutschland dafür belohnen würde.

HORWAY

Es war also nicht Mitleid?

MEYER

Mitleid mit einem Saboteur? Der hatte kein Mitleid verdient, nie und nimmer.

Wo denken Sie denn hin, Sergeant? Quatsch, völliger Quatsch! Limpert war für mich in diesem Moment das Werkzeug einer höheren Macht. Ein Zeichen Gottes, so wie Gott dem Abraham ein Zeichen gegeben hat, als Isaak auf dem Opferaltar lag. Limpert war mein Isaak, verstehen Sie?

HORWAY

Ich verstehe.

(er zögert)

Sehr aufschlussreich. Religiöse Motive hatte ich bisher noch nicht in Betracht gezogen.

Und was denken Sie heute darüber?

MEYER

Das hat mit Religion nichts zu tun. Das nennt man Kultur, Zivilisation, Geschichtsbewusstsein.

Ihr Amerikaner glaubt doch, wir hätten nur Wotan und Wagner im Kopf. Aber unsere Kultur umfasst viel mehr als Sie sich überhaupt vorstellen können …

HORWAY Heute denke ich, dass es ein Fehler war, den Kerl nicht zu hängen. Wäre ich nicht so nachgiebig gewesen, wären sie vielleicht doch gekommen, die Wunderwaffen. Ich habe die Prüfung nicht bestanden ...

Denken Sie das wirklich? Denken Sie wirklich, Deutschland hat nur wegen Ihrer falschen Entscheidung den Krieg verloren? Sie sind ja total verrückt! Das ist reiner Aberglaube. Sie nehmen sich extrem wichtig, Oberst Meyer. Lächerlich! Als ob das Handeln eines einzigen Soldaten in Ansbach entscheiden könnte, ob die Wunderwaffen noch kommen oder nicht. Jetzt verstehe ich langsam, die Egozentrik der arischen Herrenmenschen – sie beziehen alles auf sich. Gott fungiert bei dem Allen nur als Zeichengeber im Hintergrund, als raunendes Orakel, als Wink des Schicksals.

2. SZENE

(Horvay, Meyer, Wirtin – Bosl kommt hinzu)

BOSL
Grüß Gott allerseits!
Freut mich, dich zu sehen, Frank!

HORVAY
Ganz meinerseits. Geht es deiner kleinen Tochter gut? Ja? Fein.

BOSL
Schöne Grüße vom Heinrich Pospiech. Wir treffen uns doch wieder am Freitagabend?

HORVAY
Selbstverständlich, wie ausgemacht. Darf ich vorstellen?
Oberst Dr. Meyer – Dr. Bosl.
Dr. Bosl – Oberst Dr. Meyer.

BOSL
Geisteswissenschaftler, Herr Doktor?

MEYER
Physiker, Herr Doktor. Und selbst?

BOSL
Historiker, Herr Doktor. Studienrat hier am Gymnasium.

MEYER
Dann haben Sie die nächsten Jahre ja viel zu tun. Und alle Ihre Nachfolger auch.

BOSL
Wir haben ja in den letzten Jahren sehr viel Geschichte gemacht. Die vergangenen Ereignisse werden Generationen von Historikern ernähren. Und eines Tages, nach langer Zeit, wird auch unsere Epoche in das Reich der Legenden eingehen. Es werden Mythen entstehen und Heldensagen.

MEYER
Meinen Sie das ironisch?

BOSL
Nein, ganz konkret. Ich meine die Dinge immer so, wie ich sie sage.

HORVAY
Wie wollen wir vorgehen, Frank?

BOSL
Ich habe mir einige Notizen gemacht zu den Dingen, die mir unklar sind. Also frage ich mich einfach Punkt für Punkt durch und schaue, was sich ergibt …

WIRTIN
Was möchten Sie denn bitteschön trinken, Herr Doktor Bosl?

BOSL
Was für einen Tropfen hat denn Sergeant Horvay im Glas?

WIRTIN
: Einen feinen Mosel. Vorkriegsjahrgang. Den konnten wir über den Krieg retten. Sogar den großen Bombenangriff hat er schadlos überstanden.

BOSL
: Dann bringen Sie mir bitte auch ein Glas davon.

WIRTIN
: Bitte sehr.

BOSL
: Dann wollen wir es angehen, Frank.

MEYER
(mustert Horvay und Bosl mit Verachtung)
: Fraternisierung also, so hab' ich Sie gleich eingeschätzt, Herr Studienrat.

BOSL
: Die Feindschaften sollten beendet sein, Herr Oberst. Die Waffen schweigen, nun müssen wir Worte des Friedens sprechen!

MEYER
: Ein echter Deutscher kann einen Krieg verlieren, aber nicht seine Ehre. Die Umstände waren gegen uns, es war Schicksal.
Gott prüft die, die er liebt.

WIRTIN
(serviert Bosl den Wein)
Zum Wohlsein, Herr Doktor!
Ein himmlischer Tropfen.

BOSL
Dank Ihnen, gute Frau.
Herr Oberst, sehen Sie es doch ein: Wir können Deutschland nicht mit dem alten Hader im Herzen aufbauen.
Wir müssen die dunkle Zeit hinter uns lassen wie einen bösen Traum. Es ist ein neuer Morgen! Nicht mehr lange und die Sonne wird auch wieder über Deutschland scheinen.

WIRTIN
Auch wir kleinen Leute denken, dass jetzt Schluss sein muss mit den Vorwürfen. Über ein Jahr geht das nun schon so …
Zu einem Krieg gehören immer mindestens zwei. Da können wir doch gar nicht allein schuld sein.

BOSL
Ist schon gut, liebe Frau. Ich versteh Sie ja, aber wir haben hier etwas zu besprechen. Sie wissen schon …

WIRTIN
(im Weggehen)
Weil es doch wahr ist!

BOSL

Was ich nur ausdrücken wollte, Herr Oberst, die Situation ist doch nun eine gänzlich andere. Man kann sich nicht länger hinter der Chimäre Volksgemeinschaft verstecken. Jetzt ist Eigenverantwortung gefragt, verstehen Sie? Jeder muss für sich selbst stehen und zu sich stehen. Die Zukunft ist gegenwärtig geworden und, äh, wie soll ich sagen, eine persönliche, eine individuelle Zukunft geworden. Der Begriff „Volk" muss doch völlig neu gedacht werden …

MEYER

Wovon reden Sie eigentlich? Das ist doch intellektuelles Geschwätz!

HORVAY

Ganz ruhig! Wir wollen doch einen gewissen Respekt im gegenseitigen Umgang bewahren.
Natürlich war mir schon im Vorfeld dieses Treffens klar, dass hier Weltbilder aufeinanderprallen – hier die Nazis, dort der Kampf dagegen.

MEYER

Wer hat hier gegen die Nazis gekämpft? Sie Schreibtischhengst, Sergeant?

HORVAY Die gefährlichste Waffe, die Sie je bedient haben, war doch Ihre Schreibmaschine!

MEYER Ich spreche nicht von mir, ich spreche von Doktor Bosl.

War der Herr Doktor auch ein Wehrkraftzersetzer?

BOSL Ich habe immer nur meine Pflicht getan.

MEYER Ist der Herr Lehrer wohl ein kleiner Stauffenberg gewesen? Wen hat er denn in die Luft sprengen wollen? Den Kreisleiter? Den Bürgermeister? Und warum hat man davon nichts erfahren?

HORVAY Herr Oberst!

MEYER Jetzt kriechen sie alle aus ihren Löchern und behaupten, dass sie von Anfang an gegen die Bewegung waren.
Jeder Hurra-Schreier war ja eigentlich ein Widerstandskämpfer, weil er nur ganz leise Hurra geschrien hat.

HORVAY Und die Häuser der Juden haben sie nur bewohnt, um darauf aufzupassen, bis sie wieder nach Deutschland zurückkommen. Rückgratloses Gesindel! Zuerst sind sie der Partei in den Arsch gekrochen und jetzt stellen sie sich gegenseitig Persilscheine aus. Für solche Leute haben wir Soldaten den Kopf hingehalten!

Oberst Meyer, bitte mäßigen Sie sich. Wir sind hier nicht zusammen gekommen, um uns gegenseitig Vorwürfe zu machen!

3. SZENE
(Horvay, Meyer, Bosl, Wirtin – Limpert kommt hinzu)

LIMPERT
    Grüß Gott.
HORVAY
    Guten Tag, Herr Limpert. Schön, dass Sie es einrichten konnten zu kommen. Es ist ein weiter Weg von der Schweiz hierher.
LIMPERT
    Es fiel mir aus vielerlei Gründen nicht leicht zu kommen.
HORVAY
    Das kann ich gut verstehen. Herrn Bosl kennen Sie ja.

(Limpert begrüßt Bosl mit Handschlag)

LIMPERT
    Grüß Gott, Herr Doktor Bosl. Freut mich, Sie zu sehen.
BOSL
    Grüß Gott, Herr Limpert. Ich hoffe, es geht Ihnen gut.
LIMPERT
    Ich habe lange überlegt, ob ich der Einladung von Sergeant Horvay folgen soll, Herr Doktor. Eigentlich bin ich nur gekommen, weil ich dadurch meine Familie sehen kann.

HORVAY
> Oberst Meyer kennen Sie ja, Herr Limpert.

LIMPERT
(nach längerem eisigen Schweigen)
> Ich versuche immer noch Abstand zu den Ereignissen zu gewinnen.
> Es ist nicht leicht, mit diesen Erinnerungen zu leben …

WIRTIN
> Grüß Dich Robert! Ich hoffe, es geht Dir gut in der Schweiz.

LIMPERT
> Ja, es geht. Die neue Umgebung tut mir gut. Haben Sie Apfelsaft?

WIRTIN
> Aber gerne.

BOSL *(zu Limpert)*
> Geht es mit Ihrem Studium in Fribourg gut voran?

LIMPERT
> Ich bin zufrieden, Herr Doktor. Die Bedingungen fürs Studium sind erstaunlich gut. Das Leben und die Menschen dort sind so ganz anders als in Deutschland. Weniger Traurigkeit, weniger Mangel, weniger Bedrückung.
> Hier ist Nachkriegszeit, in der Schweiz ist Frieden.

MEYER *(mehr zu sich selbst)*
Feige Pazifisten!

WIRTIN
Zum Wohlsein, Robert! Du kommst doch nach dem Studium nach Ansbach zurück?

LIMPERT
Um ehrlich zu sein, fühle ich mich in Ansbach sehr unbehaglich. Als ich durch die Straßen ging, bekam ich Beklemmungen und mein Herz raste wie schon lange nicht mehr. Mir war richtig Elend auf dem Weg hierher. Ich glaube, es wäre für mich keine kluge Entscheidung, wieder ganz hierher zu ziehen, gute Frau. Ab und zu die Eltern besuchen, das ja. Außerdem, was will ich denn mit meinem Fachgebiet in Ansbach? Mit Turkologie und Arabistik lässt sich hier wenig anfangen. Geschweige denn Geld verdienen. Und die andere Sache … das ist wie eine Wunde, die immer offen bleibt.

WIRTIN
Die Zeit heilt alle Wunden. Und wenn Du das richtige Mädel findest, sieht die Welt ganz anders aus.

LIMPERT

Ich ... schon gut. Sie haben sicher recht. An manchen Tagen ändert sich alles.

HORVAY

Schön, dass Sie gekommen sind Herr Limpert. Ich hatte Ihnen ja geschrieben, worum es geht. Ich möchte für meine Dokumentation die Ereignisse vom 18. April 1945 so präzise wie möglich erfassen. Deshalb habe ich die beiden Protagonisten, also Sie Herr Limpert und Oberst Meyer hierher gebeten.

MEYER

Wie oft soll ich denn noch aussagen? Die Rechtslage ist doch eindeutig! Dieser junge Mann ist ein Saboteur. Er hat eine militärische Telefonleitung gekappt, dabei wurde er von zwei Hitlerjungen erwischt. Während vorne in der Kampflinie noch 2.600 Mann braver Soldaten ihr Leben zur Verteidigung der Heimat einsetzten, fiel der dort ihnen feige in den Rücken. Ich habe sofort ein Standgericht einberufen, das den Saboteur für schuldig befand.
Ich erklärte darauf, „Limpert ist wegen landesverräterischer Umtriebe

	zum Tode verurteilt. Das Urteil wird sofort vollstreckt." Das habe ich dem Angeklagten persönlich mitgeteilt. Der nahm das Urteil gefasst auf, verlangte aber nach einem Pfarrer.
HORVAY	Warum haben Sie Herrn Limpert einen Pfarrer verweigert? Das gehört doch zu den Gepflogenheiten bei einem Todesurteil.
MEYER	Der Pfarrer gehörte zu diesem Zeitpunkt zu den Verwundeten und den Toten da draußen an der Kampflinie, aber nicht zu einem Verräter. Ich musste selbst handeln, in der Schnelligkeit lag jetzt die Milde.
HORVAY	Wie ging es weiter? Fahren Sie fort!
MEYER	Zwei Polizisten brachten Limpert nach draußen. Am Eingang des Rathauses sah ich einen Haken und ließ mir ein Seil bringen. Während ich die Schlinge knüpfte, rannte der Verräter davon. Ich selbst verfolgte ihn gemeinsam mit meinem Gefechtsläufer und einem Polizisten.

HORVAY
Nach rund 75 Metern strauchelte der Flüchtige und wir konnten ihn einholen. Ich packte ihn an den Haaren und zerrte ihn zurück.

MEYER
Das klingt sehr brutal.

Nachdem er wieder hochgekommen war, hat er mit dem Kopf immer ruckartige Bewegungen gemacht. Da habe ich ihn an den Haaren gepackt und festgehalten und weitergeführt. Ich hatte sehr viele Haare gefasst, sodass kein großer Schmerz entstehen konnte. Beim Wegführen zum Richtplatz hat Limpert „Hilfe, Hilfe!" gerufen. Es war ein Ausdruck von Todesangst. Vor Schmerzen hat er nicht geschrien. Er ließ sich, als ich ihn an den Haaren gefasst hatte, ruhig wieder vor das Rathaus führen.

LIMPERT
Ich halte das nicht mehr aus! Dieser Mensch versucht mich ein zweites Mal umzubringen.

MEYER
Auf jeden Fall habe ich ihm die Schlinge um den Hals gelegt, der Gefechtsläufer hat die Schnur durch den Haken gezogen und die Schutzleute

haben am Seil gezogen. Der Delinquent hatte die Arme emporgestreckt und fingerte sich an der Wand und der frisch gebauten Luftschutzmauer empor. Dabei fand er unter sich zufolge der dort liegenden Ziegelsteine immer noch Boden unter den Füßen. Da habe ich mich gebückt und mit den Händen die Steine unter dem Delinquenten weggescharrt.

(Meyer hält inne)

LIMPERT

Mörder! Verdammter Mörder!

MEYER

Dann passierte ein Malheur. Das Seil ist gerissen und Limpert fiel zu Boden. Das irritierte mich. Alle Umstehenden starrten mich an und irgendeiner murmelte etwas von „Gottesurteil".
Da dachte ich, vielleicht soll es so sein, dass ich diesen Saboteur laufen lasse, dass ich dieses Opfer der unverdienten Gnade bringe, um die Sache doch noch zu wenden. Während ich noch überlegte, rappelte sich Limpert erneut auf und floh mit der Schlinge um den Hals. Alle warteten auf meinen Befehl zur Verfolgung,

doch ich konnte ihn nicht geben, meine Kehle war wie zugeschnürt. Heute weiß ich, dass es ein Fehler war.

4. SZENE
(Horvay, Meyer, Bosl, Limpert, Wirtin – Limpert ist wegen der Schilderungen von Oberst Meyer total aufgewühlt)

LIMPERT
(verzweifelt, schreit)
    Nein! Nein!
    Ich kann diesen Menschen nicht mehr ertragen! Er soll endlich schweigen! Ich kann nicht mehr!

HORVAY
    Es tut mir leid ... Ich wollte Sie nicht ... Wie kann ich Ihnen helfen? Soll ich einen Arzt rufen?

LIMPERT
    Lassen Sie mich einfach in Ruhe! Mir ist schlecht. Ich muss raus, sonst ersticke ich. Lasst mich ... Aus dem Weg ...

(Limpert verlässt fluchtartig den Raum)

MEYER
    Schwächling.

HORVAY
    Schweigen Sie, Oberst! Sie haben diesen jungen Mann fast getötet. Und das war mit Sicherheit nicht Ihre einzige Schandtat.

MEYER
Kommt jetzt die große Abrechnung?

HORWAY
Ja! Jetzt wird abgerechnet. Jeden einzelnen Posten werden wir auflisten und die Verantwortlichen zur Rechenschaft ziehen. Kein Nazi wird seiner Bestrafung entgehen. Und Sie sind einer davon. Ein Unverbesserlicher, ein Uneinsichtiger – ein Un-Mensch!

MEYER
Ich war kein Nazi-Offizier! Ich war Angehöriger der Luftwaffe.

HORWAY
Sie haben für die Nazis gekämpft, bis zur letzten Stunde. Das war ja das Schlimme.

MEYER
Es ist die Pflicht jedes Soldaten, zu dienen und bis zuletzt auszuharren. Haben Sie schon einmal etwas vom Fahnen-Eid gehört? Zu dem muss man stehen, immer, auch wenn es ans eigene Leben geht.
In einem Krieg kann man nicht einfach kündigen und nach Hause gehen.

HORWAY

Es kann ja sein, dass das bei den Amerikanern anders ist, aber für die deutschen Soldaten gilt dies seit jeher. Aber wenn ich Sie so ansehe, ist die amerikanische Armee – wie soll ich sagen - ein zusammengewürfelter Haufen, eine Art Fremdenlegion.

MEYER

Was soll das? Wollen Sie mich beleidigen?

HORWAY

Ich stelle nur offensichtliche Tatsachen fest. Ein ungarischer Jude in amerikanischer Uniform, eskortiert von Negern, versucht einen deutschen Offizier unter Druck zu setzen. Das ist doch psychologische Kriegsführung!
Das ist Terror!

Sie sollten froh sein, dass Sie nicht in einem finsteren Kerkerloch sitzen, Oberst. Sie haben Glück, dass wir Amerikaner im Gegensatz zu Ihnen wissen, was Menschlichkeit ist. Seien Sie dankbar, dass Sie wegen dieses Gesprächs für einige Zeit aus Ihrer miefigen Zelle herauskommen und hier ein Bier trinken dürfen.

MEYER

Ich will nur, dass man mich mit dem gebührenden Respekt behandelt!

HORVAY

Meinen sie die Art von Respekt, mit dem Sie Ihrem zuständigen Staatsanwalt Cürten Ihre Anträge auf Klopapier schreiben? Ist das die angemessene Art, sich als Bittsteller an eine Institution des Staates zu wenden? Man hat Sie bereits mehrfach wegen Missachtung des Gerichts gerügt. Respekt ist wahrlich etwas anderes!

MEYER

Das war nur ein deutliches Zeichen, um auf die Härte meiner elenden Situation im Massenlager in Dachau hinzuweisen. Ein Hinweis auf die unsäglichen Bedingungen, unter denen ich leiden musste. Das war ein Hilferuf in meiner Not.

HORVAY

Haben Sie auf die Hilferufe der Juden gehört? Haben Sie den Verfolgten beigestanden und ihre Not gelindert? Nein! Ganz im Gegenteil!
Sie haben Menschen gedemütigt und beleidigt, erschießen lassen und aufgehängt. Im KZ in Dachau litten die Opfer der Nazis ganz andere Qualen

MEYER
(ironisch)
    als Sie, Oberst. Da ging es nicht um ordentliches Schreibpapier, da ging es jeden Tag ums Überleben! Sie zerfließen vor Selbstmitleid und waren doch selbst so erbarmungslos. Wagen Sie es nicht, noch einmal Herrn Limpert anzugreifen! Sie reden ab jetzt nur noch, wenn ich Sie etwas frage.

    Zu Befehl, Sergeant.

(Limpert kehrt in den Gastraum zurück und nimmt Platz)
WIRTIN
    Robert, ich hab Dir einen Kamillentee gemacht. Der wird Dir guttun. Gleich wird es Dir wieder besser gehen. Der beruhigt ...
(serviert den Tee)
LIMPERT
    Vielen Dank.

(Meyer starrt demonstrativ an den anderen vorbei die Wand an)
BOSL
    Wie soll es jetzt weitergehen, Frank? Das Ganze ist doch sehr unerfreulich.

HORVAY

Ich bin selbst von der Situation etwas überrascht. Ich hatte gehofft, Oberst Meyer wäre kooperativer und vor allem einsichtiger. Aber anscheinend wird es noch lange dauern, bis man diesen Ungeist vertrieben hat.

MEYER

Vor allem, wenn sich die Geister nicht vertreiben lassen wollen.

HORVAY

Ich habe Sie nicht gefragt!

MEYER

Die Amerikaner hätten sich nicht einmischen sollen. Wir Deutschen hätten die Sache selbst in den Griff bekommen. Wir waren in der Lage, alles selbst zu bereinigen.
Der Verbrecher-Clique und den Goldfasanen hätten wir den Prozess gemacht und unser Land gesäubert.
Aber ihr Amerikaner musstet ja alles in Schutt und Asche bomben!

HORVAY

Schweigen Sie endlich, oder ich lasse Sie knebeln!

MEYER

Ich muss zur Toilette.

HORVAY
        Aber nur unter Aufsicht. Ich warne
        Sie – unternehmen Sie keinen Flucht-
        versuch!

(entweder begleitet Horvay den Oberst bis zur Toilette oder besser, falls vorhanden, einer der Militärpolizisten – dieser kontrolliert, ob keine Fluchtmöglichkeit besteht und steht sichtbar vor der Toilettentür)

5. SZENE
(Alle außer Meyer)

BOSL
Geht es Ihnen jetzt besser, Herr Limpert?

LIMPERT
Ja, so einigermaßen.

BOSL
Ich weiß, dass Sie Schreckliches erlebt haben. Das Schlimmste, was einem Menschen passieren kann – die eigene Hinrichtung!

LIMPERT
Ich habe Albträume, jede Nacht. Dann spüre ich wieder das Reißen an den Haaren, das Stoßen und Zerren, die Schlinge um meinen Hals. Und ich stürze in meinem Traum, stürze in eine bodenlose Tiefe und erwarte den Aufprall, das Ende. Doch es kommt nicht, nur ein endloses Fallen in etwas bedrohlich Schwarzes. Das Erwachen kann mich nicht beruhigen, ich liege zitternd im Bett, schweißgebadet, schwer atmend. Dann bete ich einen Rosenkranz. Erst da komme ich zur Ruhe.

BOSL Es ist schön, wenn man im Glauben Halt findet.

LIMPERT Wenn man schon mit dem Strick um den Hals am Haken hing, weiß man, welches Geschenk das Leben ist.

WIRTIN Ich habe in der Zeitung gelesen, in Hiroshima beneiden die Überlebenden die Toten. Es kommt halt immer darauf an, wie man überlebt. Der Schmidt Alois kommt nur noch auf zwei Stümpfen daher, und dabei war er so ein guter Fußballer. Der beneidet nicht die Toten, sondern alle, die noch beide Beine haben.

BOSL Das Schicksal ...

LIMPERT Oder Gottes Vorsehung. Was wissen wir Menschen schon?

BOSL Glauben Sie, dass Hitler zu Gottes großem Plan gehört?

LIMPERT Das ist die Frage des Theodizee, die Frage nach der Verantwortung Gottes für das Böse in der Welt. Warum lässt Gott es zu, dass Millionen im Krieg

BOSL oder in den Gaskammern umkommen? Die Theologie tut sich hart, jetzt, nach Auschwitz.

Und hat die Theologie eine Rechtfertigung für das Verhalten Gottes? Was sagen Sie dazu? Gibt es eine Erklärung oder ist es wie so oft Gottes unergründlicher Ratschluss?
Sie sind ein intelligenter und gläubiger junger Mann Limpert und wie ich Sie kenne, haben Sie sich dazu Ihre Gedanken gemacht.

LIMPERT Ja, diese Frage, beschäftigt mich wirklich –
neben meinem Studium der Turkologie und Arabistik.
Ich habe für mich zwei akzeptable Erklärungen gefunden:
Eine Möglichkeit wäre eine temporäre Gottesfinsternis. Demnach gibt es Zeiten, in denen Gott auf unerklärliche Weise in der Weltgeschichte abwesend ist.
Eine andere Möglichkeit wäre, dass die schrecklichen Ereignisse der jüngsten Zeit der Preis sind, den wir für unseren freien Willen zu zahlen haben. Nach dieser Theorie kann und

                will Gott sich nicht in die Geschichte einmischen, sonst würde unser freier Wille ja aufhören zu existieren. Das Dritte Reich mit all seinen Verbrechen wirft nur ein schlechtes Licht auf die Menschen, nicht auf Gott.

BOSL

                Kluge Antworten. Ich hatte von Ihnen nicht weniger erwartet.

LIMPERT

                Aber alle Erklärungen machen die Gräuel und ihre Folgen nicht erträglicher.

WIRTIN

                Sie sind doch alle gescheite Herren.
Ich möchte Sie etwas fragen, das mir nicht aus dem Kopf geht. Wie sollen wir einfachen Leute hier mit dem allen umgehen, was jetzt ans Licht kommt?
Man verlangt von uns, dass wir jetzt um die Juden weinen. Aber wir haben ja kaum noch Tränen für unsere eigenen Männer.
Für unsere Väter, Söhne, Brüder, Onkel, Neffen, Vettern, Nachbarn ... Wie viel Platz für Trauer hat eigentlich ein Mensch in sich? Man kann doch nicht dauernd leiden, bis man nur noch ge-

lähmt in einer Ecke sitzt und auf den eigenen Tod wartet?
Bei all dem Überlebenskampf bleibt doch kaum Zeit zum Trauern. Wir haben auch den Schrecken erlebt, unseren Schrecken - die nackte Angst. Sirenengeheul beim Tag und Sirenengeheul bei der Nacht und in die Keller, immer wieder in die Keller geflüchtet und gezittert, dass es endlich aufhört. Wir haben gebetet, dass es uns nicht trifft, dass wir nicht vom Phosphor verbrannt werden oder verschüttet und dann lebendig begraben. Und nach den Bombenangriffen konnten wir unsere Toten nicht einmal auf dem Friedhof begraben. Die Explosionen haben die alten Särge und Leichname aus dem Boden gesprengt und die zerfetzten Leichenteile hingen in den Bäumen. Keiner fragt, was dieser Anblick mit uns gemacht hat und erst mit den Seelen der kleinen Kinder.
Damals, im ersten Weltkrieg, war der Krieg weit weg, draußen an der Front. Aber diesmal ist der Krieg zu uns gekommen. Die Tiefflieger haben vor unseren Augen die Menschen auf den Straßen weggeschossen. Unsere Städ-

te haben sie zerbombt und unsere überlebenden Männer dort draußen sind verstreut zwischen Amerika und Sibirien in Lagern eingesperrt. Ich selber hab' den Hitler nie gesehen! Ich hab' geschaut, dass meine Familie was zu essen hat und im Winter warme Kleider. Jetzt soll ich um Verzeihung bitten, weil andere irgendwo Leute in Gaskammern geschickt haben. Davon hab' ich doch gar nichts gewusst. Die Ansbacher Juden waren weg, umgezogen irgendwohin. Es gibt immer Menschen, die weggehen. Ich habe gedacht, es wird schon seinen Sinn haben, wenn die Juden ihr eigenes Land im Osten haben oder im Orient. Wer denkt denn schon an sowas? Wir sind doch irgendwie klein und dumm gehalten worden. Die Propaganda hat uns etwas vorgegaukelt. Wer konnte denn ahnen, dass wir so belogen werden. Ich habe beim Nationalsozialismus immer ans Soziale gedacht. An die Gemeinschaft, die Nachbarschaft, die Versorgung und die Rente. Es konnte doch keiner damit rechnen, dass die so wahnsinnig sind und sich mit der ganzen Welt anlegen. Da konnten wir doch nur ver-

lieren. Wer kann schon allein gegen die ganze Welt gewinnen? Das ist doch der Beweis, dass die in Berlin nicht ganz richtig im Kopf waren. Die haben uns die ganze Zeit belogen und betrogen.
Aber jetzt ist es mit denen vorbei und wir fangen neu an. Steckt die Berliner Verbrecher ins Gefängnis und gebt uns unser altes Leben wieder!
Ich bin ja froh, dass wir jetzt nicht alle Englisch reden müssen, wo uns doch die Amerikaner regieren. Und dass wir nicht alle, sondern nur ein paar von unseren Leuten angeklagt werden, so wie der Meyer. Dem geschieht es auch recht, weil er unseren Robert umbringen wollte.
Aber wir anderen, wir konnten ja gar nicht anders … Ich will auch nichts schön reden …
Ich hab' halt meine eigene Meinung und die hab' ich jetzt gesagt!
Sie verstehen mich, gell?

6. SZENE
(Horvay, Bosl, Limpert, Wirtin – Meyer kehrt zurück)

HORVAY
Ich hoffe, Sie halten sich jetzt zurück, Oberst Meyer.

MEYER
Und ich hoffe, dass diese Farce hier bald beendet wird. Gibt es noch etwas zu sagen oder sind wir fertig? Wenn nicht, hätte ich gerne noch ein Bier.

HORVAY
Ja, da ich Ihr unkontrolliertes Verhalten Ihrem Charakter zuschreibe und nicht dem Alkohol – Wirtin, bitte bringen Sie dem Oberst noch ein Bier. Bereuen Sie eigentlich irgendetwas von dem, was Sie getan haben, Oberst Meyer?

MEYER
Was meinen Sie damit? Was soll ich bereuen? Und vor allem, warum?

HORVAY
Ihr Auftreten als Kampfkommandant in Ansbach. Ich meine den Vorfall mit dem Jungen, den Sie vorhatten zu erschießen, nur weil Sie sein Fahrrad requirieren wollten. Den polnischen Zwangsarbeiter, den Sie erschießen ließen, weil er gesagt hatte, „dass sich

das Blatt noch wenden wird". Sie haben einen Ansbacher Polizisten gezwungen, das Urteil zu vollstrecken, obwohl es eine rein militärische Angelegenheit war. Der Mann leidet noch heute darunter.
Sie haben nichts dazu gelernt, auch nicht nach dem Krieg.
In Ihrer Zelle in der Untersuchungshaft sind Sie auf einen Gerichtsdiener losgegangen und haben ihn mit einem Stuhl niedergeschlagen und verprügelt. Sie hätten den Mann fast umgebracht!

MEYER

Was wollen Sie eigentlich von mir? Sie sagten anfangs, Sie wollten sich lediglich über die „Causa Limpert" informieren und jetzt machen Sie ein ganz anderes Fass auf und spielen Tribunal.

HORVAY

Man muss alles im Zusammenhang sehen.

MEYER

Dann bitte ich Sie, die Augen aufzumachen und die Zusammenhänge so zu sehen, wie sie gewesen sind!

HORVAY

Wie meinen Sie das?

MEYER

Wir waren im Krieg, ich war Soldat und ich hatte das Kommando! Für den Kampftag war ich, das wurde mir mehrmals ausdrücklich von höherer Stelle bestätigt, in meinem Bereich Herr über Leben und Tod.

LIMPERT

(sinkt mehr und mehr in sich zusammen, wendet sich ab)

HORVAY

Und diese Herrschaft haben Sie weidlich ausgenutzt. Wie ich diese Herrenmenschen-Mentalität verachte!

MEYER

Was verstehen Sie schon von uns Deutschen? Wie will ein ungarischer Amerikaner die Tiefe der deutschen Seele verstehen?

HORVAY

Ich verstehe mehr von den Deutschen, als Sie glauben, Oberst. Ich habe deutsche Literatur studiert und mich sehr wohl mit dem beschäftigt, was Sie als typisch deutsch ansehen. Ich bin der deutschen Kultur sehr zugetan, wie Ihnen Doktor Bosl gerne bestätigen wird. Ich würde mich sogar als germanophil bezeichnen. Dieser Kultur und dieser Literatur gilt

	mein größter Respekt. Ich genieße die Abende mit Doktor Bosl und seinem Freund Heinrich Pospiech, die erfüllt sind von Geist, von Intellekt und tiefem Empfinden. Da atmet die Zivilisation eines alten Volkes …
MEYER	Sie glauben, weil Sie ein paar Bücher gelesen haben, verstehen Sie, wie das deutsche Volk denkt und fühlt? Ein bisschen Papier sagt Ihnen, warum wir so sind, wie wir sind?
HORVAY	Ja! Ich habe meinen Master über Heinrich von Kleists „Michael Kohlhaas" gemacht. Ich kenne die verletzliche deutsche Seele, das deutsche Aufbegehren und auch die Bereitschaft zur Gewalt.
MEYER	Sie sollten Literatur und Wirklichkeit nicht verwechseln, Sergeant. Wir sind hier nicht im Deutschseminar an der Universität. Das hier ist das Leben. Das verdammt reale Leben nach einem für uns verlorenen Krieg. Bedenken Sie, dass all diese Beschuldigungen gegen mich erst erhoben wurden, nachdem Sie und Ihresglei-

chen hier das Kommando übernommen haben. Wenn Sie nicht gekommen wären, glauben Sie wirklich, irgendeiner von Ihren so genannten „Zeugen" würde sich jetzt trauen, das Maul aufzumachen? Sie denken, dass Sie uns klein machen können, uns aufs Abstellgleis der Welt schieben dürfen. Wir sind für Sie der letzte Dreck. Sie wollen uns in die Bedeutungslosigkeit stoßen. Aber ich sage Ihnen, es wird nicht lange dauern und Sie werden uns Deutsche brauchen. Und wie Sie uns brauchen werden! Weil Ihnen nämlich sonst der Russe den Arsch aufreißt bis zum Stehkragen!

HORVAY

Was soll das?! Zügeln Sie sich!

MEYER

Ihr Freund Doktor Bosl wird Ihnen sicher gerne bestätigen, dass die gesamte Geschichte aus wechselnden Bündnissen besteht. Jeder mit jedem, ein ewiges „Bäumchen-wechsel-dich-Spiel".
Egal, ob im alten Rom oder in Preußen. Schauen Sie nur auf Friedrich den Großen – zuerst mit Österreich gegen Dänemark und nach dem Sieg

ging es ganz schnell gegen Österreich, den ehemaligen Verbündeten. Die Amerikaner führten mit den Russen als Verbündete Krieg gegen Deutschland, aber inzwischen sie sind zerstritten und trauen sich gegenseitig nicht mehr über den Weg. Bald werden sich die Amerikaner mit den Deutschen verbünden und dann zusammen gegen Russland stehen. Bündnisse sind keine Frage der Moral, sondern des gemeinsamen Ziels. Moral ist etwas für Pfarrer und Pazifisten. Die Amerikaner hätten sich viel Zeit, Geld und Blut sparen können, wenn Sie gleich an unserer Seite gegen Russland gestanden hätten.

HORVAY

Das ist absurd! Wir kämpfen für die Freiheit der Menschen! Wir haben Europa befreit!

MEYER

Mit Stalin für die Freiheit – fantasieren Sie weiter Sergeant!

HORVAY

Ihre Sturheit und Ihr Fanatismus sind ja schon krankhaft. Da lobe ich mir die aufrechten Deutschen, die einen klaren Blick für die Tatsachen haben und zu ihren Überzeugungen stehen wie Doktor Bosl.

BOSL
Bitte, Frank, ich bin doch nicht das Thema. Lassen wir das ...

HORVAY
Du brauchst Dein Licht nicht unter den Scheffel zu stellen, Karl.

BOSL
Es ist mir unangenehm.

HORVAY
Nur keine falsche Bescheidenheit. Wer in jenen dunklen Zeiten zu den Idealen der Menschlichkeit gestanden hat und dafür auch noch verfolgt wurde, darf heute erhobenen Hauptes davon berichten. Nicht alle Deutschen waren Täter oder Mitläufer. Nein, es gab zum Glück auch diejenigen, die aufbegehrten, die Leib und Leben riskierten wie unser junger Freund hier und Doktor Bosl!

LIMPERT
Wie, Doktor Bosl war Widerstandkämpfer? Hier, in Ansbach?

HORVAY
Ja, er war doch der Kopf Ihrer Widerstandszelle. Herr Limpert, Sie brauchen jetzt keine Angst mehr zu haben,

	einen Kameraden zu verraten. Es besteht keine Gefahr mehr.
LIMPERT	Ich verstehe nicht …
BOSL	Lassen wir doch dieses Thema. Deswegen sind wir doch nicht hier …
HORVAY	Die Zeit des Schweigens ist vorbei, Herr Limpert. Sie können sich offen zu den heldenhaften Taten Ihrer Gruppe bekennen.
LIMPERT	Ich stehe ja zu dem, was Herbert Frank, Wolfgang Hammer, Hans Stützer und ich getan haben. Die Flugblätter und so …
HORVAY	Aber das war doch alles von Doktor Bosl inspiriert und …
LIMPERT	Nein, wir hatten bei unseren Aktivitäten keinen Kontakt zu Dr. Bosl, überhaupt keinen. Wir hätten nie gewagt, ihn ins Vertrauen zu ziehen.
HORVAY	Aber als erfahrener Widerstandskämpfer hätte er Sie doch sicher beraten und motiviert. Immerhin war er für seine politische Einstellung ein

LIMPERT	Jahr im KZ und drei Jahre in einem Strafbataillon, bis er schwer verwundet dienstuntauglich wurde.
	Wie bitte? Er war vier Jahre weg? Wann soll denn das gewesen sein? Er war doch den ganzen Krieg über Lehrer am Carolinum. Wie kommen Sie denn auf diesen Unsinn?
HORVAY	Karl?
BOSL	Was?
HORVAY	Karl, was ist hier los? Ich verstehe das nicht! Du hast mir doch erzählt, dass du ein Jahr im KZ Dachau warst und dann drei Jahre lang bei verschiedenen Himmelfahrtskommandos an der Front eingesetzt worden bist bis zu deiner Verwundung ...
MEYER	So, so ... Der Herr Doktor ist ein Hochstapler. Er protzt mit Frontgeschichten und Verwundungen. Eine Schande! Pfui!
LIMPERT	Der hat doch keinen einzigen Tag in der Schule gefehlt.

BOSL

Ein Missverständnis. Das Ganze ist alles ein Missverständnis. Da hat mich Sergeant Horvay wohl falsch verstanden. Vielleicht ein Sprachproblem ...?

HORVAY

Ich stamme zwar aus Ungarn, aber ich konnte schon perfekt deutsch, bevor ich englisch lernte. Was sollte ich falsch verstanden haben, als du mir sagtest, du wärest für ein Jahr im KZ gewesen? Was gibt es denn daran falsch zu verstehen? Was sollte ich falsch verstanden haben, als du mir von deinen lebensgefährlichen Fronteinsätzen vorschwadroniert und über deine schweren Verletzungen gejammert hast? Was davon sollte ich davon falsch verstanden haben?

BOSL

Lass es gut sein, Frank. Darüber reden wir später in aller Ruhe bei einer Flasche Wein.

HORVAY

Du hast mir erzählt, dass du Texte für Flugblätter geschrieben hast, die dann von deinem Kollegen, dem Kunsterzieher Heinrich Pospiech gestaltet wurden.

LIMPERT

So ein Flugblatt habe ich nie gesehen. Wo sollen die denn verteilt worden sein?
Ich kenne nur unsere.

BOSL

Frank, ich glaube, du verwechselst da etwas bei der Geschichte von den Flugblättern. Da habe ich dir von Robert Limpert und seinen Freunden erzählt und du glaubst nun, der Pospiech und ich hätten die gemacht. Da hatten wir alle drei wohl schon ein bisschen zu viel gebechert ...

HORVAY

Und dass du in der Nacht heimlich in Ansbach mit der Zange herumgeschlichen bist und Telefonleitungen gekappt hast, - da verwechsle ich wohl auch etwas?

WIRTIN

Also ich glaube nicht, dass der Herr Doktor Bosl so etwas gemacht hat. Der war immer ganz korrekt. Im Gegenteil, er hat doch immer über unsere deutsche Tradition gesprochen und die Werte und dass das Reich schon immer der Traum von uns Deutschen war – das Reich von Karl dem Großen und das Reich von Bismarck und nun ist er im Großdeutschen Reich von Adolf Hitler endlich wirklich erfüllt. Im Dezember 44, kurz vor Weihnachten, hat er doch noch öffentlich bei einem Vortrag in Ansbach davon gesprochen, dass es schon immer die Aufgabe von uns Germanen war, ein starkes Reich zu haben und Europa anzuführen. Ich war selber ja nicht dort, weil unsereiner hat da nichts verloren, bei den Oberen von der Partei und der Wirtschaft und der Wehrmacht. Aber ich hab' davon in der Zeitung gelesen. Sie haben von den Gräbern unserer gefallenen Helden in allen Himmelsrichtungen gesprochen, ist in der Fränkischen Zeitung gestanden und dass Sie gerufen haben „Das Reich, es muss uns bleiben!" Und zum Schluss sollen Sie noch gesungen haben „Ein feste Burg ist unser Gott!"

BOSL

Halten Sie doch den Mund!

WIRTIN

Weil es wahr ist! Ich erinnere mich, wie Sie ganz beschwingt Ende Januar 45 von dieser Ahnenerbe-Tagung der SS aus Braunau zurückgekommen sind. Sie haben mir stolz erzählt, dass

                Sie im Führerhaus einen Vortrag gehalten haben, jawohl, im Geburtshaus des Führers in Braunau, und dass die SA feinstes Essen aufgetragen hat - Wild und fangfrischen Fisch.

BOSL   Schweigen Sie endlich!

7. SZENE

(Alle anwesend – zuerst betroffenes Schweigen)

LIMPERT
> Er hat mein Leben gestohlen.

(Limpert taxiert Bosl lange …)
> Warum haben Sie das gemacht?

BOSL
> Was gemacht?

LIMPERT
> Lügen. Warum haben Sie meinen Kampf als den Ihren ausgegeben? Warum behaupten Sie, dass Sie Flugblätter gemacht und verteilt haben? Warum sagen Sie, dass Sie Telefonleitungen durchgeschnitten haben? Warum beanspruchen Sie die Taten für sich, für die ich am Strick hing?

BOSL
> Das habe ich so nicht gesagt!
> Ich habe nur gesagt, dass es so etwas in Ansbach auch gegeben hat. Widerstand meine ich. Also, dass es Leute gab, die nicht einverstanden waren. Und dass ich auch so gefühlt habe …

LIMPERT
> Aber Sie haben doch nie etwas gegen die Nazis gemacht. Sie haben nicht einmal etwas gesagt.

BOSL
> Immerhin haben der Pospiech und ich dafür gesorgt, dass man Ihren Peiniger, der Sie aufhängen wollte, verfolgt und auch gefasst hat. Wir haben Oberst Meyer bei den Amerikanern angezeigt, durch uns wurde er gefasst!

MEYER
> Sie waren das also, Sie Verräter!

HORVAY
> Ruhe! Karl sprich weiter!

BOSL
> Indirekt habe ich sehr viel gemacht, und gedacht, und ich war doch als Lehrer am Gymnasium, da war ich doch so ein kleiner Mittelpunkt, so ein, ein Spiritus rector für den kleinen Kreis … Ich habe da nie eine große Sache daraus gemacht, aber wir haben unseren Teil dazu beitragen wollen, erstens die Leute aufmerksam machen …

LIMPERT
> Wer ist dieses wir?
> Wen meinen Sie konkret damit?

BOSL
> Natürlich Sie, Limpert, und den Pospiech auf jeden Fall, der war nie in der Partei und der war immer ein

LIMPERT

BOSL

HORVAY

Aufrechter, der hat sich nie gebeugt und der Hammer natürlich auch.

Aber Sie hatten doch mit unseren Aktionen nicht das Geringste zu tun …

Na ja, aber ich wusste doch, wer das war mit den Pamphleten und Zetteln und Plakaten und ich hab nie etwas gesagt oder verraten, wer das war, weil ich ja gleicher Meinung war, darauf aufmerksam zu machen, was der Hitler uns angetan hat. Ich wollte aus der Geschichte kein großes Lamento machen, weil wir es für unsere Pflicht gehalten haben und weil wir jugendlich dagegen so begeistert waren, dass wir, wie soll ich sagen, dass wir froh waren, dass der ganze Spuk zu Ende ging und dass wir uns innerlich sagen konnten, wir haben auch an unserem Platz ein klein bisschen beigetragen.

Bei mir hast du es aber nicht nur innerlich behalten, Karl. Du hast doch klar und deutlich berichtet, wie du aktiv Widerstand geleistet hast.

BOSL Das war die Ansbacher Situation, davon hab ich erzählt. Und die Nazis haben mich nie gemocht, das weiß ich genau.

HORVAY Und wie war das mit dem Stipendium vom Ahnenerbe der SS?

BOSL Das hab ich beantragt, weil ich doch eine Familie gegründet habe und meine Frau ist ja auch bald schwanger gewesen und mein Salär als Studienrat von 150 Reichsmark für eine junge Familie ...
Also die zusätzlichen 120 Reichsmark vom Ahnenerbe, das war einfach existenziell ganz wichtig für uns und wenn man so eine Möglichkeit hat, es gab ja sonst nichts ...

LIMPERT Dieser Mann verkaufte seine Seele für die Aufstockung seines Gehalts. Ich fasse es nicht! Und jetzt lügt er sich in die neue Zeit.

HORVAY Karl!
Warst du ein verkappter Nazi?

BOSL

Nein, niemals! Ich war, ich hab das Regime gehasst, denn ich bin, also nirgendwo mehr hingegangen, weil ich mich nicht, zum Teil beherrschen konnte. Ich bin mit meiner Frau manchmal ins Kino gegangen, am Anfang, aber ich konnte mich nicht beherrschen, wenn die Lügennachrichten kamen, von denen ich vom englischen Radio wusste, dass sie nicht stimmten und so. Ich würde sagen: Ich habe erwartet, dass nach dem Untergang des Dritten Reiches, den ich für gerecht gefunden habe, ich habe den Einmarsch der Amerikaner als Befreiung … Das war meine Meinung wirklich; - ich habe auch sofort Kontakt mit den Amerikanern aufgenommen.
Das weißt Du doch, Frank.

HORVAY

Das weiß ich wohl. Ich weiß nur nicht, was von den ganzen Geschichten stimmt, die du mir erzählt hast. Auf wessen Seite warst du wirklich, Karl?

BOSL

Ich würde sagen, ich habe nach dem, vielleicht ist es eine ähnliche Haltung

HORVAY

gewesen wie bei vielen anderen, die geglaubt haben, dass man das Dritte Reich … Ich möchte sagen, dass man sich gedacht hat, es kommt nicht so; denn den Überblick über das, was hinter den Nazis steckte, hatte ich nicht, weil ich keinen Kontakt mit ihnen hatte, sondern sie bekämpfte.

BOSL

Wie? Du hast nicht gewusst, wer die Nazis waren und was die Nazis wollten, aber du hast sie trotzdem bekämpft?

HORVAY

Ich war wie viele andere eine Zeit lang der Meinung, dass ich mit denen tun könnte, oder dass ich sie mindestens tolerieren könnte und dass es zum Besseren kommen würde.

MEYER

Auf diese Fehleinschätzung beruft sich die Mehrheit der Deutschen.

Es stimmt doch auch, dass uns „die da oben" nach Strich und Faden belogen und betrogen haben!
Wir konnten das doch gar nicht beurteilen …

HORVAY

Schweigen Sie, Oberst!
Wann bist du innerlich auf Distanz gegangen, Karl?

BOSL

Das muss so, ich denke 1936, ja 36 im Jahr der Olympischen Spiele in Berlin. Da habe ich Kunde davon bekommen, dass Göring auf dem Reichstag eine der brutalsten Reden gehalten haben soll, in der er sagte: „Nachdem wir jetzt auf Verteidigung aufgerüstet haben und diese Verteidigung beendet ist, müssen wir jetzt weiterarbeiten, denn sonst sind wir wieder beim Ausgangspunkt, und wir müssen auf Krieg rüsten, um den Krieg rüsten wir, und Krieg machen wir mit Schuld."
Und da bin ich zum ersten Mal erst richtig, wie soll ich sagen, aufmerksam geworden, dass ein böses Spiel mit den Deutschen getrieben wird, vor allem mit ihren Finanzen, dass um die Arbeitslosigkeit das alles ging. Und seitdem habe ich ständig und immer mehr und mehr, hab ich mich, wie soll ich sagen, auf diese Seite gewandt, weil ich mich interessiert habe.

HORVAY

    Das war also 1936, im Jahr der Spiele in Berlin. Nur damit ich nichts durcheinander bringe, Karl, wann hast du den Antrag auf das Stipendium des SS-Ahnenerbes gestellt?
    In welchem Jahr war das, bitte?

BOSL

    Das war schon in Ansbach, also 1937 bin ich hierher und die Heirat und der Antrag, den hab ich wohl 38 gestellt … Aber das war ja rein wissenschaftlich … Ich bin ein großer Arbeiter gewesen und ich habe meine Zeit reichlich ausgenützt, neben meiner Schularbeit hab ich bei voller Ding meine Doktorarbeit geschrieben, hab meine Habilitationsarbeit geschrieben, und so weiter, und so nebenbei halt noch etwas getan.
    Aber in dem, das ist zweifellos die Schwäche, gell, die wir alle … nicht alle, die viele Deutsche … hatten, dass wir auf der einen Seite das System ablehnten, dass wir auch dagegen kämpften, so weit wir konnten, dass wir auf der anderen Seite aber nach außen hin und, wie soll ich sagen, aus bürgerlicher

Schwäche und Feigheit, dass wir mit dem Dinge zugegeben haben. Aus Begeisterung habe ich es nie getan. Vielleicht, das eine muss ich sagen, vielleicht in diesen Schriften noch, weil mich als Mediävisten und als Mittelalterhistoriker das Reich begeistert hat. Das möchte ich, muss ich wohl schon zugeben, dass die Reichsidee … Und so kam bei mir die Reichsbegeisterung, auf der einen Seite hat es mir möglich gemacht, zum Teil möglich gemacht, diese Dinge wie mein Buch über die Staufer zu schreiben, während auf der anderen Seite die praktische Politik mich gezwungen hat, das Gegenteil zu tun … Ich habe, wenn der Schultag zu Ende war, mich abends um acht bis morgens früh, die Arbeit an der Wissenschaft getrieben und so weiter … Und zweitens kommt hinzu, ich habe mich abgekapselt, denn nur so konnte ich leben. Ich habe mich abgekapselt, ich hab abends den englischen Sender gehört und keine deutschen. Das war, das treib ich bis heute, dass ich dann, wenn ich fest arbeite, mich abkapsle und dann eben nur dem lebe, was ich als Thema betreibe.

HORVAY Das habe ich damals, und so hab ich geistig und ich glaube auch moralisch, hab ich das Dritte Reich, wenn man das so großspurig sagen darf, irgendwie bestanden.

Das Dritte Reich als die große Reifeprüfung für das deutsche Volk? Was soll dieser Irrsinn, Karl? Ich bin enttäuscht von dir! Du hast mich belogen, du hast mich getäuscht. Du hast dir die Heldentaten dieses jungen Mannes angeeignet und für deine eigenen ausgegeben. Du warst im System verstrickt und du hast vom System profitiert, auf die primitivste Art und Weise – du hast dich für deine Gesinnung bezahlen lassen.

BOSL Aber es war doch gar nicht meine Gesinnung!

HORVAY Dann ist es umso schlimmer!

8. SZENE
(Alle anwesend)

HORVAY

Ich bin erschüttert, Herr Limpert. Wenn ich das gewusst hätte ... Ich wollte Sie solch einer Konfrontation nicht aussetzen ...
Diese schrecklichen Lügen ...

LIMPERT

Es gibt keine schrecklichen Lügen, Sergeant Horvay, es gibt nur schreckliche Wahrheiten. Ich bin froh, dass ich erfahren habe, was in meiner Abwesenheit in Ansbach geschehen ist. Dass ich nun weiß, dass da ein Mann sitzt, der wie ein billiger Dieb ein Stück meines
Lebens gestohlen hat und sich damit nun einen Persilschein kaufen will. Die Absolution ist ihm gewiss, dem Widerstandskämpfer und Weinlieferanten für die Sieger.

HORVAY

Ich bin nicht bestechlich! Mich kann man nicht kaufen, weder mit Wein, noch mit Geld!

LIMPERT

Das kann schon sein. Aber wenn es um die deutsche Realität geht, tragen Sie Scheuklappen, Sergeant. Für alles außerhalb germanischer Buchdeckel sind Sie anscheinend taubblind.

HORVAY

Nein, das bin ich nicht! Ich habe für das Entnazifizierungs-Prozedere ein ganz klares Konzept.

LIMPERT

Gibt es dafür nicht Vorschriften von oben – von den Generälen Eisenhower oder Clark?

HORVAY

Es gibt Richtlinien. Es gibt aber durchaus auch unterschiedliche Auffassungen, mit wem man die Zukunft Deutschlands aufbauen sollte und mit wem nicht. General Patton meint gar, der Unterschied zwischen den Nazi-Deutschen und den anderen Deutschen wäre wie der von US-Republikanern und US-Demokraten. Also quasi eine innerdeutsche parteipolitische Auseinandersetzung.

LIMPERT

Da hat General Patton wahrlich keine allzu gute Meinung von seinen

HORVAY Landsleuten. Oder er hat keine Ahnung von den Verhältnissen in Deutschland.

Ich finde, man muss das neue Deutschland mit den Leuten aufbauen, die das Dritte Reich aktiv erlebt haben. Nur die können beurteilen, was an diesem System schlecht war, aber auch, was man von den deutschen Werten beibehalten sollte.

LIMPERT Sind Sie sicher?

HORVAY Ja. Was will ich mit Menschen, die im KZ oder im Exil waren und das jahrelang? Die blicken mit Hass zurück und Hass macht blind. Die haben durch ihre lange Abwesenheit jeden Bezug zur Realität verloren und sind weltfremd geworden. Die wissen doch gar nicht, was jetzt in Deutschland nötig ist, wo man den Hebel ansetzen muss, damit es besser werden kann. Nur wer die Fehler kennt, kann aus Fehlern lernen.

LIMPERT Muss man wirklich jeden Fehler selbst gemacht haben, um daraus lernen zu können? Sind die Helfer der Henker

HORVAY	wirklich die besten Geburtshelfer für ein neues Deutschland?
LIMPERT	Das habe ich nicht gesagt. Aber diese Leute haben die Fehler des Dritten Reiches im Land erlebt, höchstwahrscheinlich sogar unter ihnen gelitten. Die wissen, wo die Dinge falsch gelaufen sind. Deshalb sind diese Menschen in meinen Augen geeigneter als diejenigen, die jetzt als Fremde ins deutsche Leben zurückkehren.
HORVAY	Ich glaube, Sie erkennen immer noch nicht, was in diesem Land geschehen ist, Sergeant. Sie glauben immer noch, Sie haben es mit Helden aus der deutschen Literatur zu tun. Aber wir leben nicht zwischen Buchdeckeln, sondern wir leben in der Wirklichkeit. Glauben Sie mir, die Nibelungen sind zum zweiten Mal untergegangen und diesmal war kein Verrat im Spiel.
LIMPERT	Die Tiefe der germanischen Seele muss einen edlen Ursprung haben! All diese großen Gedanken …
	Bei allem Respekt, Sergeant, Sie sollten besser in einem Germanistik-

Seminar an einer Universität in Amerika wirken, als hier in Ansbach. Dort haben die Handlungen der Figuren keinen Einfluss auf das Leben, aber hier ist das Leben! Hier geht es nicht um Geschichten, sondern um Geschichte.

Mein Leben ist kein Heldenepos in hehren Versen, das von einem Anti-Helden gestohlen wurde, sondern es ist ein stinknormales Leben in schlichter Prosa.

Ein Text, den jeder verstehen kann, weil er sich liest wie hunderttausend andere Texte – brutal einfach, ohne Metaphern, ohne Allegorien bis hin zum Strick um den Hals und den Versuch, mich am Ansbacher Rathaus aufzuhängen.

Dieser Text hat nur eine Besonderheit, nämlich dass mein Text von meinem ehemaligen Lehrer Dr. Bosl gestohlen wurde.

Mich interessiert Ihre Verehrung für Kleist, Schiller oder Goethe nicht im mindestens, Sergeant. Mich interessiert die wahre Geschichte von Robert Limpert und wie ich sie zurückbekomme.

WIRTIN Beruhig dich doch, Robert. Es wird alles gut. Das ist sicher nur ein großes Missverständnis. Der Doktor Bosl wollte bestimmt nichts Schlimmes tun.

LIMPERT Das ist unser großes Problem als Menschen: das Wollen. Wir wollen immer das Gute und am Ende wird es doch eine Tragödie. Wir wollen Gutes für unsere Familie tun und schaden dabei unseren Nachbarn. Wir wollen ein gutes Leben und merken gar nicht, dass dies einem anderen das Leben kosten kann.

WIRTIN Dass du aber auch immer so viel sinnierst, Robert! Du machst es dir selber schwer.
Warum studierst du nicht etwas Praktisches? Gerade jetzt, für den Wiederaufbau! Techniker sind gefragt.

LIMPERT Technik interessiert mich nicht.
Mich interessieren Kulturen, fremde Kulturen, weil ich der eigenen nicht mehr traue.

WIRTIN

Was nützt es dir denn, wenn du die Türken und die Araber studierst? Das ist doch eine ganz andere Welt. So was bringt dich doch nicht weiter. Du bist doch ein guter Katholik. Und Geld verdienen kann man mit dem orientalischen Zeug bestimmt auch nicht.

LIMPERT

Mir geht es nicht um Geld, ich will Ach, es ist egal, gute Frau.

WIRTIN

Robert, du wirst auch noch deinen Weg finden. Irgendwie können wir ja froh sein, dass wir den Krieg verloren haben. Stell dir vor, es wäre weiter gegangen, immer weiter ...
Dann würden die deutschen Männer jetzt als Wachsoldaten am Ural stehen, am Nordkap und bei den Pyramiden. So viele Leute hätten wir ja gar nicht, wie wir bräuchten, um überall für Ruhe und Ordnung zu sorgen. Nein, nein, es ist schon gut so wie es ist ...

LIMPERT

Also haben wir nur versucht, die Welt zu erobern und jetzt haben wir gemerkt, dass der Bissen zu groß für uns ist und haben uns daran verschluckt? –
Ja, so wird es wohl sein.
Wir haben uns überhoben, wie schon mit dem 1. Weltkrieg. Aber danach haben wir ja einen neuen Anlauf genommen und sind viel weiter gekommen als beim ersten Mal. Aber verloren haben wir trotzdem. Und jetzt ruhen wir uns nach dem 2. Weltkrieg wieder aus und werden im Frieden stärker und stärker und wir denken nach und überlegen, wie wir es dann beim 3. Weltkrieg besser machen und rüsten auf und auf und dann …? Tja, was machen wir dann? Sind wir es dann, die Atombomben werfen? Auf Paris, auf London, auf Moskau?
Aber am besten gleich zu Anfang des 3. Weltkriegs, damit er ganz schnell zu Ende ist …?

BOSL

Nicht so sarkastisch, nicht so pessimistisch, junger Mann!

HORVAY

Ich sehe zuversichtlich in die Zukunft. Mit den Amerikanern an unserer Seite haben wir endlich einen starken Verbündeten.

BOSL

Wir sind nicht eure Verbündeten, Karl, wir sind die Sieger. Wir sind die Besatzungsmacht. Wir sind gerade dabei zu prüfen, was von Deutschland bleiben soll und was nicht. Und was vom Rest dieses Landes für die Welt noch nützlich sein könnte.

HORVAY

Warum so hart?

MEYER

Weil es nicht anders geht. Weil ihr es sonst nie lernt. Aber ihr habt einen starkes Fundament: die germanische Kultur.

Und die strategische Position gegen die Russen. Deutschland ist der beste Aufmarschplatz für die amerikanischen Armeen. Von hier aus können sie Europa in Schach halten und von Japan aus ganz Asien. Es geht jetzt um geopolitische Positionen und nicht um irgendeine erhaltenswerte Literatur, Sergeant.

HORVAY
Sie sollten lernen wie ein Militär zu denken und nicht wie ein Kulturattaché!

MEYER
Zügeln Sie sich! Wie denken und handeln nicht nur militärisch. Der Sieg über das Dritte Reich war ein Sieg der Menschlichkeit!

HORVAY
Trifft sich doch gut, wenn sich das Eine mit dem Anderen verbinden lässt. Das lässt sich in der Öffentlichkeit gut verkaufen.
Gute Propaganda ist alles.

MEYER
Sie sollten schweigen, Oberst! Ihre Rolle im Krieg war wirklich nicht ruhmreich.
Ganz im Gegenteil!

Ich habe nur meine Pflicht erfüllt, immer, Tag für Tag - bis zuletzt!
Ich bereue nichts, gar nichts.
Doch – eine Sache bereue ich:
Dass ich die Sache mit dem da ...
(deutet auf Limpert)
... nicht zuende gebracht habe.

HORVAY Das ist unerhört!
Halten Sie endlich den Mund!

MEYER Ich habe mich geirrt! Ein schrecklicher Irrtum. Ich dachte es wäre ein Zeichen, als der Strick gerissen ist.
Ich dachte, das Schicksal will mir sagen „Lass ihn laufen, dann schenke ich Deutschland den Sieg." Doch es war genau umgekehrt!
Das Schicksal hat mich auf die Probe gestellt. Es wollte wissen, ob ich genug Mumm in den Knochen habe, einen Verräter zweimal aufzuhängen. Ob ich zu dem stehe, was ich tun muss, immer, zu jeder Zeit, wieder und wieder.
Und wenn ich ihn zehn Mal aufhängen müsste – ich würde es tun!

HORVAY Sie widern mich an! Hören Sie endlich auf!

MEYER Ich werde den gleichen Fehler nicht ein zweites Mal machen!

(Meyer springt auf, packt seinen Stuhl und geht auf Limpert los, schlägt auf ihn ein, wieder und wieder …)

Ich erfülle mein Schicksal!
Ich sorge für Gerechtigkeit,
für deutsche Gerechtigkeit.
Ich bin der Kampfkommandant von
Ansbach!
Bis zum Endsieg!
Ich bin das Gesetz!
Ich erfülle meine Pflicht!
Jetzt! Immer!

ENDE

Anhang

Biographien

Dr. Karl Bosl

(* 11. November 1908 in Cham, Oberpfalz; † 18. Januar 1993 in München) war ein deutscher Historiker. Er war Inhaber des Lehrstuhls für Bayerische Landesgeschichte an der Universität München. Karl Bosl entstammte einfachen Verhältnissen und legte 1927 das Abitur am humanistischen Gymnasium im Kloster Metten ab. Bosl studierte seit dem Sommersemester 1927 u.a. bei Paul Lehmann in München Geschichte, Germanistik, Klassische Sprachen und Mittellateinische Philologie. Als Student schloss er sich dem Katholischen Studentenverein Albertia im KV an, dessen engagiertes Mitglied er bis zum Tode blieb. Neben seiner Mitgliedschaft im KV war Bosl auch Mitglied der K.B.St.V. Rhaetia München. Im Frühjahr 1931 schloss er das Studium mit dem Staatsexamen in Klassischer Philologie, Deutsch und Geschichte ab. Seit dem Frühjahr 1932 war er zunächst im Schuldienst an verschiedenen Orten tätig.
Seit 1930 war Bosl Mitglied im Stahlhelm. Nach der „Machtergreifung" der Nationalsozialisten war Bosl ab Mai 1933 Mitglied der NSDAP, wurde 1934 Mitglied des NS-Lehrerbundes und wenige Wochen später trat er auch der SA bei. Seine Mitgliedschaft in der SA endete jedoch bereits 1934 und in der NSDAP fehlte es ihm an Engagement. Seit 1935 arbeitete er in der Landesleitung des NS-Bundes Deut-

scher Osten mit. Bosl promovierte 1938 in München bei Karl Alexander von Müller mit einer Arbeit Das Nordgaukloster Kastl. (Gründung, Gründer, Wirtschafts- und Geistesgeschichte). 1939 erhielt Bosl einen Forschungsauftrag zum Thema „Die Lehns- und Holzrechte im Berchtesgadner Land" im Rahmen des SS-Ahnenerbeprojekts Forschungswerk Wald und Baum in der arischgermanischen Geistes- und Kulturgeschichte;[2] für dieses Projekt erhielt er eine monatliche Unterstützung von 120 Reichsmark.

Nach der Dissertation beschäftigte sich Bosl schwerpunktmäßig mit der Reichsministerialität. Mit diesen thematischen Schwerpunkt gelang ihm der Anschluss an die führende Mediävistik. Er war jedoch weiterhin hauptberuflich als Lehrer tätig und seit 1940 Studienrat am humanistischen Gymnasium in Ansbach. 1942 versuchte Bosl, seine kurz vor der Fertigstellung stehende Habilitationsschrift für eine Publikation in der Veröffentlichungsreihe des „Ahnenerbes" unterzubringen.[4] Bosl habilitierte sich 1944 an der Universität München; die Kriegszustände verhinderten jedoch, dass Bosl den Status eines Privatdozenten durch das Reichswissenschaftsministerium erhielt. Bosl engagierte sich im Bund Deutscher Osten, im Reichskolonialbund und in der NS-Volkswohlfahrt.

Ab 1947 war Bosl Privatdozent in München und als Beauftragter des Kultusministeriums am Wiederaufbau des bayerischen Gymnasialwesens beteiligt.

Er war 1949 Mitbegründer des Bayrischen Philologenverbandes und dessen Erster Vorsitzender bis 1954, dann dessen Ehrenvorsitzender. 1951 hatte er einen Lehrauftrag an der Universität München. 1953 wurde er als Professor auf den Lehrstuhl für mittlere und neuere Geschichte der Universität Würzburg berufen. 1954 nahm er seine Lehrtätigkeit in Würzburg auf und wurde im selben Jahr in die Kommission für bayerische Landesgeschichte gewählt. Sein Schwerpunkt lag auf der bayerischen Landesgeschichte. Von 1960 bis zu seiner Emeritierung 1977 hatte er als Nachfolger von Max Spindler am Institut für Bayerische Geschichte an der Universität München den Lehrstuhl für Bayerische Geschichte und Vergleichende Landesgeschichte mit besonderer Berücksichtigung der Neuzeit inne.

Den Schwerpunkt seiner Forschungen stellten vor allem Studien zur Gesellschafts- und Wirtschaftsgeschichte des europäischen Mittelalters dar. Bosl erreichte mit über 50 Monographien und über 600 Aufsätzen, Handbucheinträgen und Besprechungen sowie etwa 40 Herausgeberschaften eine ungewöhnlich hohe Publikationszahl. Auch als akademischer Lehrer war Bosl besonders aktiv; an seinem Lehrstuhl betreute er 205 Dissertationen.[5] Zu Schülern Bosls gehören unter anderem Wolfgang Benz, Werner K. Blessing, Peter Blickle, Richard von Dülmen, Wolf D. Gruner, Karl-Ludwig Hammermayer, Klaus Dietmar Henke, Peter Claus Hartmann, Alfred Haverkamp, Ludwig Hüttl, Rolf Kießling, Ulrich Linse,

Karl Möckl, Friedrich Prinz, Wolfgang Quint, Hermann Rumschöttel, Ferdinand Seibt, Wilhelm Störmer und Manfred Treml. Dazu kommen zahlreiche Studienräte, Studiendirektoren- und Oberstudiendirektoren, die bei Bosl ihre Zulassungsarbeit verfassten, und bis heute das kulturelle Leben in Bayern mitprägen.
1961 wurde Bosl zum ordentlichen Mitglied der Bayerischen Akademie der Wissenschaften gewählt. Bosl war zudem Mitglied des Konstanzer Arbeitskreises für mittelalterliche Geschichte. Der Höhepunkt seiner Anerkennung in der Wissenschaft erfolgte in den 1970er Jahren. Bosl wurde korrespondierendes Mitglied der Medieval Academy of America und der British Academy. 1973 wurde er zum ordentlichen Mitglied der Österreichischen Akademie der Wissenschaften gewählt. 1977 hatte er die Carl-Schurz-Gastprofessur an der Universität Madison/Wisconsin und 1978 die Rose-Morgan-Professur an der State University of Kansas in Lawrence inne. Bosl erhielt zahlreiche Ehrungen und Auszeichnungen, unter anderem das Große Bundesverdienstkreuz, den Bayerischen Verdienstorden, die Bayerische Verfassungsmedaille in Gold, den Bayerischen Maximiliansorden, den Kulturpreis der Sudetendeutschen Landsmannschaft und die Adalbert-Stifter-Medaille. 1984 wurde Bosl zum Ehrenbürger seiner Heimatstadt Cham ernannt.
Quelle: Wikipedia 07.2012

Frank Dominic Horvay
(* 2. Juli 1916 Ungarn; † 21. Mai 1999 in Tiffin, Seneca County, Ohio, USA)

„Von den vielen amerikanischen Offizieren, die sich namentlich in der zweiten Hälfte der Besatzungszeit schnell abwechselten, ist den Ansbachern neben Whitaker vor allem der damals 30jährige Frank Dominic Horvay in Erinnerung geblieben. Der gebürtige Ungar, der in den dreißiger Jahren wegen seines jüdischen Glaubens in die Vereinigten Staaten emigriert war und erst seit 1942 die amerikanische Staatsbürgerschaft besaß, hatte sich seit seiner Jugend viel mit deutscher Geschichte und Literatur beschäftigt und sprach besser deutsch als englisch. 1943 hatte er sich freiwillig zur US-Army gemeldet und war dann sechs Monate lang an der University of California in Berkeley auf einen Einsatz auf dem Balkan und Zentraleuropa vorbereitet worden, ehe er 1945 zur G-5 Abteilung der 13. Armored Divion abkommandiert wurde. Als einer der ersten des Detachments G-228 kam er am 9. Mai in Ansbach an. Die Einheit, so erinnerte er sich später, „war von amerikanischen Stellen gewarnt worden, dass sich in Ansbach ... feindliche Elemente aufhalten. Es wurde angeordnet, dass sie nicht in ihren Quartieren, sondern mit geladener Pistole in ihren Büros schlafen und Wachposten aufstellen sollten." Horvay war weitgehen frei von antideutschen Ressentiments und suchte Kontakt zu Deutschen. Er nahm schon

bald an den wöchentlichen Treffen einer Gruppe von Ansbacher Intellektuellen teil, zu der Karl Bosl, der spätere Lehrstuhlinhaber für Bayerische Geschichte an der Universität München, Hans Schregle, der spätere Regierungspräsident von Ober- und Mittelfranken, und Heinrich Pospiech, ein Maler und Bildhauer gehörten. Man trank Wein und Kaffee und sprach über Literatur, Malerei und klassische Musik. Die meisten amerikanischen Offizieren, nach dem Urteil von Horvay waren „a good number of them ... ‚wash outs' from combat units", hatten dafür wenig Sinn. „Hätten wir Bier getrunken und über Baseball gesprochen, so wäre es bestimmt anders gewesen", meinte Horvay, der seinen Ansbacher Gesprächspartnern Bosl und Pospiech über Jahre hinweg freundschaftlich verbunden blieb. „Nie werde ich den Heiligen Abend des Jahres 1945 vergessen", erzählte er: „Ich war damals ‚charge of quarters', das ist so eine Art Bereitschaftsdienst im Büro der Militärregierung. Das hieß. Ich musste sogar dort schlafen, das Telefon bedienen und im Ernstfall irgendetwas unternehmen. Ich tat mir selbst leid, denn das ist eine ziemlich unschöne Art Weihnachten zu verbringen, das in Ungarn ... so ähnlich gefeiert wurde wie in Deutschland. Es war fast Mitternacht, als es läutete und zwei Besucher eintraten: Pospiech und Bosl, die Bücher und Lebkuchen als Geschenke brachten."
Horvay, der wegen seiner Sprachkenntnisse und guten Kontakte innerhalb der Militärregierung bald

als unentbehrlich galt, sprach bei der Einsetzung von Bürgermeistern ein gewichtiges Wort mit. Vor allem aber leitete er im Auftrag der Militärregierung die Ermittlungen im Fall Limpert ein. Seiner Initiative war es in erster Linie zu verdanken, dass Kampfkommandant Meyer in einem amerikanischen Gefangenenlager entdeckt und einem deutschen Gericht übergeben werden konnte."
Zitiert nach "Gesellschaft und Politik in der amerikanischen Besatzungszone: Die Region Ansbach und Fürth 1945-1949" von Hans Woller (Hrsg.)

Nach seiner Rückkehr in die USA widmete sich Horvay weiterhin der Germanistik und veröffentliche 1950 das Buch „Goethe and Grillparzer". Und arbeitete als Dozent.

Robert Limpert
(* 15. Juli 1925 in Ansbach; † 18. April 1945 ebenda) war ein deutscher Widerstandskämpfer gegen die Diktatur des Nationalsozialismus. Er wurde in den letzten Tagen des Zweiten Weltkrieges hingerichtet, weil er die Telefonleitungen eines aufgegebenen Gefechtsstandes der Wehrmacht in Ansbach gekappt hatte.
Limpert besuchte vier Jahre lang die Volksschule in Ansbach und trat dann auf das humanistische Gymnasium Carolinum über. Er erzielte gute bis sehr gute Leistungen und war hin und wieder Klassen-

bester. Vom Sportunterricht war er wegen der Herzkrankheit befreit. 1943 wurden Robert Limpert und sein Freund Wolfgang Hammer verdächtigt, während der Nachtwache im Gymnasium, die wegen der alliierten Luftangriffe durchgeführt wurde, Verdunkelungsvorhänge beschädigt und regimekritische Tafelanschriften angebracht zu haben. Tatsächlich war für Limpert der Nationalsozialismus mit seinem Glauben unvereinbar. Zusammen mit anderen Schülern der Klasse versteckten Limpert und Hammer ein Mikrophon in dem Raum, in dem die Lehrer die Strafen für die vermeintlichen Missetäter besprachen. Die Schüler wurden nach kurzer Zeit ertappt, und Hammer und Limpert der Schule verwiesen. Nach Aussagen Hammers verhalfen jedoch der Schulleiter und sein Stellvertreter den beiden Schülern zu der Möglichkeit, an einem Gymnasium in Erlangen unterzukommen. Dort legte Limpert „ein ausgezeichnetes Abitur ab. In Latein, Griechisch und Deutsch schloß er mit 1 ab, in allen anderen Fächern, mit Ausnahme der Mathematik, mit der Note 2."
Wegen der Herzerkrankung wurde Limpert nicht zum Kriegsdienst eingezogen; dem Sprachentalent (er beherrschte Latein, Griechisch, Englisch, Französisch und Italienisch, außerdem ein wenig Arabisch, Neupersisch und Türkisch) war es dennoch aufgrund unterschiedlicher Probleme weder möglich, das angestrebte Studium der Orientalistik in Wien oder deutschen Universitätsstädten aufzunehmen,

noch an der Schweizer Universität Freiburg zu studieren. Daher wurde er im Wintersemester 1944/45 Gasthörer an der Julius-Maximilians-Universität Würzburg.

Am 8. Februar 1945 schrieb Limpert sein Testament im Bewusstsein, dass seine politischen Gesinnung ihn ständig in Lebensgefahr brachte, aber auch unter dem Eindruck seiner schweren Herzerkrankung. Darin nahm er auch seinen Wahlspruch „Pietas, Caritas, Castitas" auf. Auch schrieb er zu diesem Zeitpunkt seine Todesanzeige.

Als Limpert im März 1945 doch noch zum Kriegsdienst verpflichtet wurde, erlitt er bei einem Luftangriff auf Würzburg einen schweren Herzanfall und wurde in der Folge wieder ausgemustert. Nachdem der Bombenangriff auf Würzburg am 16. März 1945 die Stadt schwer beschädigt hatte, kehrte Limpert nach Ansbach zurück. Er machte kein Geheimnis daraus, dass er Kriegsgegner war; eine Verteidigung Ansbachs gegen die überlegenen Amerikaner war in seinen Augen sinnlos, weil die Alliierten offensichtlich im Laufe der Invasion schon weitaus größere Hindernisse überwunden hatten. Am 22. Februar 1945 wurde die Ansbacher Bahnhofsgegend schwer von alliierten Bombenangriffen getroffen. Während amerikanische Truppen sich von Ochsenfurt her der Stadt näherten, kam es in Standgerichten zu Todesurteilen gegen Menschen, die weitere sinnlose Opfer vermeiden wollten. Limpert verteilte nachts Flugblätter, die zur kampflosen Übergabe der Stadt aufriefen.

Am 18. April standen amerikanische Truppen wenige Kilometer vor Ansbach; nur noch vereinzelte Wehrmachtseinheiten waren zur Verteidigung zurückgeblieben. Nicht wissend, dass der Gefechtsstand des Kampfkommandanten bereits verlegt worden war, durchtrennte Limpert mit der Zange die Telefonverbindung zwischen dem ehemaligen Gefechtsstand und den Truppen in der Vorstadt. Dabei wurde er von zwei Hitlerjungen bemerkt, die ihre Beobachtung an umstehende Erwachsene weitergaben, die wiederum die Polizei informierten. Limpert wurde in seinem Elternhaus verhaftet. Der Kampfkommandant Oberst Ernst Meyer verurteilte Limpert in einem Standgericht zum Tode. Limpert sollte an einem Haken am Rathaustor gehängt werden; es gelang ihm, sich von seinen Wächtern zu lösen und einige Meter weit zu fliehen, er wurde jedoch zum Rathaus zurückgebracht. Oberst Meyer legte ihm die Schlinge um den Hals, doch als Limpert emporgezogen wurde, riss der Strick. Meyer knüpfte eine neue Schlinge, Limpert wurde abermals emporgezogen und starb wenige Stunden bevor amerikanische Truppen gegen 17:30 Uhr die Stadt übernahmen und den Leichnam abnahmen.

Quelle: Wikipedia 07.2012

Oberst Dr. Ernst Meyer
1895 in Freiburg, nach dem Abitur zog er als 19jähriger Soldat in den Ersten Weltkrieg und nahm nach Kriegsende 1918 das Studium der Physik und Chemie auf. Nach seiner Promotion arbeitete er mehrere Jahre als Assistent an den Universitäten in Freiburg und Leipzig. 1933 heirate er die Pfarrerstochter Herta S., die er an der Universität kennengelernt hatte. Im gleichen Jahr trat er in die SA ein, meldete sich freiwillig 1936 zum Nachrichtendienst der Luftwaffe und gab damit seine Universitätslaufbahn auf. Er diente als Lehrer für Nachrichtenwesen auf den Flughäfen Lechfeld, Tutow und Königgrätz. 1943 meldete er sich freiwillig an die Front nach Russland und wurde Abteilungskommandeur in einem Ludendorff-Regiment im Donezbecken. Nach dem Zusammenbruch der Ostfront wurde Oberst Dr. Ernst Meyer nach Bayern an die Westfront abkommandiert und im März 1945 zum Kampfkommandanten von Ansbach ernannt. Nur wenige Stunden vor dem Einmarsch der Amerikaner henkte er einen jungen Widerstandskämpfer. Nach Kriegsende wurde er dafür im Alter von 51 Jahren „wegen eines Verbrechens des Totschlags zur Zuchthausstrafe von 10 Jahren verurteilt" (Prozessakten) und 1952 nach Verbüßung von 6 der 10 Jahre vorzeitig entlassen. Ein Jahr lang lebte er bei seiner Frau Herta und den gemeinsamen 3 Kindern, danach nahm er im Alter von 58 Jahren in einem kleinen Dorf in Württemberg eine Stelle als Physiker in

der Industrie an. Dort blieb er bis zum Alter von 65 Jahren. Nach seiner Pensionierung übersiedelte er ins seine Geburtsstadt Freiburg, arbeitete dort teilweise weiter und ging mit 70 Jahren endgültig in den Ruhestand. Im Alter von 97 starb er 1993 in Freiburg in einem Altersheim, in dem er bei geistiger und körperlicher Gesundheit seine letzten 25 Lebensjahre verbracht hatte.

Quelle: >„NS-Offizier war ich nicht". Eine Tochter forscht nach<, Ute Althaus, Haland & Wirth im Psychosozial-Verlag, 2006

Quellen

„A Bavarian Historian Reinvents Himself: Karl Bosl and the Third Reich", Peter Herde und Benjamin Z. Kedar, Gefen Books, Jerusalem, Israel 2011

„Gesellschaft und Politik in der amerikanischen Besatzungszone: Die Region Ansbach und Fürth 1945-1949", Hans Woller (Hrsg.), Oldenbourg Wissenschaftsverlag 1986

„NS-Offizier war ich nicht". Eine Tochter forscht nach, Ute Althaus, Haland & Wirth im Psychosozial-Verlag, 2006

„Ansbach unterm Hakenkreuz", von Diana Fitz, Stadt Ansbach 1994

„Robert Limpert Opfer des Faschismus", Dokumentation, Hrsg. Birgitta Eschenbacher, Trägerkreis der Ansbacher Friedensbewegung, ca. 1985

Jahresbericht Gymnasium Carolinium, Ansbach Schuljahr 1989/90

„Der Ansbacher Robert Limpert - Vaterlandsverräter oder Märtyrer?", Robert Heurung, Frankenland, 61. Jahrgang S. 310-322, 2009

Gerd Scherm

1950 in Fürth geboren und aufgewachsen, lebt seit 1996 mit seiner Frau Friederike Gollwitzer in einem alten Fachwerkgehöft in Binzwangen bei Colmberg. Gerd Scherm ist Schriftsteller und bildender Künstler. Er arbeitete zehn Jahre als Kreativdirektor für Rosenthal und organisierte u.a. die Selber Literaturtage und die Künstlertage auf der Mathildenhöhe in Darmstadt. Sein reiches literarisches Spektrum umfasst Theaterstücke, Romane, Erzählungen, Kurzgeschichten, Satiren, Libretti und Essays. Einer seiner Schwerpunkte liegt in der Lyrik, die er meist in künstlerisch-bibliophiler Ausstattung präsentiert und die auch immer wieder zeitgenössische Komponisten zu Vertonungen anregt. Seine Dramen „Alexander der letzte Markgraf" und „Das Bildnis des Wilden Markgrafen" wurden vom Stadttheater Ansbach aufgeführt.
Gerd Scherm war u.a. Gastdozent an der Freien Universität Berlin und an der Universität St. Gallen im Fachbereich Kultur- und Religionssoziologie.

Auszeichnungen:
2013 „Künstler des Monats" Juni der Metropolregion Nürnberg
2010 Förderung des Dramas „Alexander der letzte Markgraf" mit 20.000 € durch das Bayerische Staatsministerium für Wissenschaft, Forschung und Kunst
2007 Turmschreiber auf Burg Abenberg
2006 Friedrich-Baur-Preis für Literatur der Bayerischen Akademie der Schönen Künste
2004 AutorenAward für „Der Nomadengott" auf der Leipziger Buchmesse
2001 Paulskirchen-Medaille
1998 Matthias-Claudius-Medaille, Berlin
1995 Stipendium des Auswärtigen Amtes, Schottland-Aufenthalt
1995 Wolfram-von-Eschenbach-Förderpreis
1977 Rosenthal Grenzland-Lyrik-Preis
1974 Stipendium des Auswärtigen Amtes, Aufenthalt in Italien
1972 Kulturförderpreis der Stadt Fürth

Einzelveröffentlichungen (Auswahl):
„Spiegeleien", Prosa, Maro Verlag, Gersthofen 1971
„Der Clan", Drama, edition pege, Fürth 1972
„Zeichen", Poesie, Vorwort Prof. Eugen Gomringer, Selb 1975
„Auf der anderen Seite der Nacht", Lyrik, Verlag Lothar Berthold, Fürth 1987

„WortRäume", Lyrik, Vorwort Dr. Uwe Rüth, Museum Glaskasten, Marl 1987
„Zwischen den Zeiten", Freipresse, Bludenz 1994
„Die Kreise der Hexe Antra", Lyrik, Freipresse, Bludenz 2002
„Schamanenkind", Roman, Spirit Rainbow Verlag, Aachen 2004
„Das Brevier der allerletzten Wahrheiten", Satiren, Kontor für Kunst & Literatur, Colmberg 2005
Nomadengott-Roman-Trilogie: „Der Nomadengott", „Die Irrfahrer" und „Die Weltenbaumler", Heyne Verlag, München 2006-2008
„Inmitten der Brombeerhecke", Lyrik, Aachen 2008
„Der Turm der geschwätzigen Vögel", Prosa, Verlag Landkreis Roth 2010
„Die dunkle Mühle. Eine Gollwitzer-Saga", Roman, Hrsg. Vito von Eichborn, Edition BoD, Norderstedt 2012
„Der schändliche Skandal Heine-Platen", Drama, Norderstedt 2013
„Man nennt mich Retti-Palais", Prosa, BoD 2014

Weitere Informationen unter: www.scherm.de